あの世からのつぶやき（II）

あの世とやらは、あるらしい……

―― 生死を超える

樋口 誠

木星舎

はじめに

ひとに死を語ることは、タブーだと言われています。

ですが、それは、「死など遠くのものだ」と眺めていた年頃の話で、私など、もうそれが身近に迫ってきているのです。

自分の死には正面から向き合って覚悟しなければならない、と身の引き締まる思いでいますが、あるひとは、〝思い出さずに、忘れずに〟と距離をおいて「その時はその時だ、という生き方のほうが気楽でいい」ともいいます。

死というものの捉え方も、ひとそれぞれ、ということですね。

目次

第二章　知者のことば

死を想う

雲の上のかすみの中を、独り昇っていくのがわかる。
もう観念し、覚悟はついているはずだ。
もう、欲しいものも怖いものもない。
しかし、なにかを探す気配で、辺りを見回している。
その時、上のほうが少し明るくなってきて、モヤのなかになにかが見える。
二、三人の人がいて、コソコソ話し合っているのがわかった。
わたしは、ここでホッとして、救われた、とおもった。

第一章 ある対話

どこかで話し声が聞こえる。
どうやら二人の老人が「死」について話をしているらしい。

生きものの運命《さだめ》

B：私たち人間は、この地球上に生まれ、生きてきた。
そして、時が経ち縁が尽きれば、あの世とやらへ逝かねばならない。
これは自然の法則で、誰しも逆らえないことだとわかってはいるのだが、その自然の法である〝死〟というものを、なかなか受け容れることができないんだ。

A：他人《ひと》の死は一時《ひととき》の悲しみで終わるが、自分の死は、人生最後の恐怖であり苦だからな。
どうすればいいものやら……。

B：「死への恐怖は、宗教では救われない」という死刑囚の話を聞いたことがある。

A：では、自然の法のままに殺されるしかないということか。

B：殺されるなどということではないよ。

今まで何十年もの間、お借りしていた命をお返しするということだ。これは生きものがもって生まれた宿命であり、どうにもならない。

A：では、いったい誰にお返しするというんだ。

B：自然の法とやらを〝神〟ということにして、その神さまにお返しするんだ。

この世のすべての生きものの生死については、私たちの思惑の届くところではない。そのまま受け容れるしかないだろう。

死は怖くない、というけれど

Ａ：死は安らかな永眠であるといわれるな。であれば、そんなに忌み怖れることはないのかもしれない。死が最後に残された救いである、というひとさえいるそうだ。

Ｂ：自然の法のままにこの世に生み出され、縁が尽きれば、法のままに生を終え、この世から消えていくしかないのだろうな。

自分の生死は、自死でないかぎり、思うにまかせないものだ。

Ａ：ああだこうだと理屈を言わずに、法のままに生き、そして死んで逝くしかない。

Ｂ：自然の法とやらを認め、心底からうなずき、諦め、覚悟し、悟るしかないと思う。

時間はかかっても、そうでないと死の恐怖にさいなまれ死を迎えることになる。

A：今は少しばかり先送りできたとしても、必ず死はやってくるものだ。

そのためには生死を超えて、自分の死を受け容れることができるように、修行をつむことだ。

それには、宗教に頼るのも一策だと思う。

死と宗教と諦め

B：自分の死を受け容れるには、宗教に頼るのも一策だと言ったが……。

A：死というものは、どう人事を尽くしても受け容れられない。ならば、宗教とやらに救いを求めてはどうだろう、そのほうが理に適っている、そう思う。

もちろん、一夜漬けの信心では無理だろうが、「叶わぬ時の神頼み」という言葉もある。これはもう、どうにもならないという諦めの心境だよ。

B：だが、その諦め、諦観というのは〝悟り〟の境地に近いとは思わないか。

A：自分で悟って諦めるのと、無理にでも諦めざるを得ないというのがあるが、最後は、その自然の法とやらに従うしかない。

これはどうしようもない事実だ。

B：この諦める、ということは、人間が生きていくための、いや、死んで逝くためのひとつの智恵だと思う。

そのために宗教の力を借りるのもいいと思う。

A：それで〝悟り〟といったのか。

願わくば、俺もそうありたい。

最後の生きがい

Ａ：自分の思うに任せないことをなし遂げようとする時、ひとは生きがいを覚えるらしい。
がんで余命を告げられた時、ひとはそれこそ生死をかけて、あらゆる苦痛にも堪えしのんで自分の死を寸時《ちょっと》でも先送りしようとする。
つまり、死が、生きていく支えになっている。
Ｂ：そういえば、死の病である〝がん〟に対して、「最後の生きがいを与えてくれてありがとう」と手を合わせて旅立って逝ったひとの話を聞いて感動したことがある。

Ａ：死の病を嘆き悲しむばかりではなく、それを受け容れようとする。そして、死の間際まで、生きがいを与えてくれたものとして、ありがたくその病をいただく……。

Ｂ：それは誰にでもできることではないな。

それに、死を押し戻し、先送りすることは、それだけ病苦や死への恐怖にも、長い時間耐えなくてはならないことにもなる。

それよりは、少しばかりの時間の差はあっても、いつかは必ず自分の生を神にお返しせねばならない、という自然の摂理をそのまま受け容れることのほうがいいと思う。

心は、死後どうなるのやら

Ａ：話によると、あの世とやらはあるらしい。

この世との縁が切れると、あの世へいくそうだ。

「そんなものはあるはずがない」と一笑して話も聞いてくれないひとも多いと思うが、病気などで死んだように眠っているひとも夢を見るし、「あのひとが枕元に現れた」などと言うひともいる。

それに、「あの世を見てきた」「あの世へ行ってきた」と言う臨死体験をしたひともいる。

Ｂ：それは、死への恐怖の裏返しであったり、この世への未練なのかもしれない。

それならば、死への恐怖を生きている今の苦悩と相殺して、自然の法の定めとして受け容れ、いや諦めて、スッキリした気持ちで旅立って逝こうではないか。

……というのは易《やす》いが、果たして、その時どうなることやら。

Ａ：わからないといえば、ひとは死後どうなるかだ。

肉体がなくなるのはわかるが、心も煙のように霧散して消えてなくなるのか。肉体があるように心にも心体というものがあって、死後でも存在し続けるのかもしれない。それを心霊現象の類などと言うひともいるが、誰か立証してくれないものかな。

〝おかげさま〟のひとこと

A：挨拶がわりとしてではなく、心から〝おかげさまで〟と喜んでもらえる時、こんなに嬉しいことはない。言われたほうも幸せになってしまうよ。

B：そうだな。この一言の素晴らしさは格別だよ。なんの濁りもない。

A：何かのはずみでつい口に出る〝おかげさまで〟もいいな。

「あの時、あの方のおかげがなかったら、今の自分はない」

そんなふうに他人《ひと》に思われるのであれば、その感謝の気持ちで自分自身を清められ、清々しい。

B：この一言をたくさんいただけるよう、今の日々を過ごしたいものだ。

それには、まず、自我を少なくし、利他に喜びを感じるようになることだと思う。

そのひとの一生は運・不運によって決まるらしい。

Ａ：生きものは全て自然の法によって、この世に生み出されるとするならば、俺が今、こうしてこの地球上に人間として生きているのも、その法とやらに運命づけられていることになる。

そこには、俺の望みや思惑などは全くなく、目には見えない自然の法のままに生きてきて、そして今を生きているのだ。

Ｂ：そういうことであれば、犬や猫も、草木も、そういう星のもとに生みだされ、今を生きているということか。

Ａ：そこまで立ち戻れば、ひとも犬猫も同じ生きものであり、それぞれの宿縁のもとに生まれてきているだけのことであって、ひとが犬猫を見下すことはないということだな。

B：つまり、才能のある芸術家も優れた技をもつアスリートも、この世で善人としてあがめられるひとも、極悪非道の悪人も、自然の法によって決められたものであって、その運、不運によるものということになるのか。であれば、優劣も、上下関係もなくなってしまい、それでは世の中、しめしがつかなくなってしまう。

A：そうか。やはり、世の中、優劣や上下の差はあったほうがいいかもしれないな。

我欲はいつかは行き詰まる

A：俺たち人間も、本能や我欲をもった生きものだから、それをなくしてしまうことは不可能かもしれないな。

B：しかし、その我欲は、いつかは行き詰まる。

私も欲しかったものを手に入れても、空しさ、わびしさ、自己嫌悪に悩まされ、こんなはずではなかった、ということも、近頃では珍しくない。

A：なくしてしまうことのできないその我欲とやらを、小さくする手だてはないものか。

B：こんな方法があるらしい。

我欲がでたな、と思った時、自分の表情、人相を想像してみる。
その顔は阿修羅の顔になって、口から炎《ひ》を吹いている。
それを見た相手のひとも、醜く汚いものでも見たような表情で戸惑っている。
そして我欲が出たことを懺悔する。心から懺悔する。
だが、その心根は、清らかで美しい。

A：俺には、清らかにする自信がないな。

B：そうかもな。我欲がなくなる時は、お前が死んだ時だよ。

他人《ひと》のふり見て、我を知る

Ａ：自分に一番見えていないのは自分自身のことだと聞いたが、よくわかる。他人《ひと》の醜いところはよく見えるものだ。

だが、そういったものが見えた時は、

「自分にもああいう醜いところがあるのでは」

と自分を見つめなおし、反省する機会なのかもしれないな。

Ｂ：その自分の醜いところに気づかないままで、一生を終えるひともいるが。

Ａ：そんなひとも多いだろうな。しかし、気づけたのであれば、自分の醜いところを教えてくれたその他人《ひと》に感謝しなくてはなるまい。

B：その他人《ひと》は、お前の醜いところを教えてくれた仏さまだな。

A：手を合わせて拝んでおくよ。

楽よりは苦が楽しい話

Ａ：この世の中、自分の思い通りになったら、こんなつまらないことはない。

Ｂ：ほう。なんだか逆説めいたことを言うな……。

Ａ：たしかに棚からぼた餅というのも悪くはないが、欲しいものがたいした苦もなく手に入るとしたら、これはあまり嬉しくないし、つまらないだろう。思うにまかせないことを苦労して手に入れる、また、なし遂げる。そのことが生きがいになり、悦びになると思うのだが。

Ｂ：楽よりは苦を求める、つまり貧乏性だな。わかるような気もする。

だが、私は楽をして欲しいものが手に入るほうがいいけどな。

死んで逝く時は、不幸せのほうがいい

Ａ：巷では、「死を憎まば、生を愛すべし」といわれるが、死の間際に生を愛すべしといわれても逆に、この世への未練が断ちきれなくて、すんなり旅立って逝けないのでは、と思うんだが。

「死を憎まば、生きている今が不幸せで、これ以上長生きしてもしかたないし、たいした未練もない」ということのほうがいいと思う。

Ｂ：生きている今が幸せで、死ぬのはいやだ、というひとは、死への恐怖がぬぐえないだろうな。その意味では、不幸せだというひとのほうがいいかもしれないな。

ただ、本人に自分の死がわかっていて、死への覚悟ができている場合は別だが。

Ａ：孫の花嫁姿を見るまでは、などとこの世での願望が強いひとは、きっぱりと死というものへの覚悟を決めておかないと、病が訪れるたびにつらい思いをすることになる。

Ｂ：これ以上長く生きても、あまり良いことはなさそうだし、次々とやってくる老いも病も苦しいものだ。もうこの辺りが潮時ではなかろうか、と心から思えているひとは、幸せなひとだろう。

死んだことのない私にはわからないが。

確固たる信念と信仰

Ａ：今の日本には宗教がないといわれて久しい。

あるにはあるが、形だけのもので、信仰とは程遠いものではなかろうか。

Ｂ：宗教といえば、すぐに葬式を想像するが、その前にはひとの死があるはずだ。

だから俺は、宗教は死への恐怖を薄め、なんとかごまかしてくれるものだと、
ぼんやり考えていたよ。

Ａ：自分の信念を押し通して、名を成し、財を得、地位を築いてきたひとの生きてきたことへの信念のほうが信仰よりはるかに頑強で確固たるものだよ。

それは死を迎える時さえ、宗教の手助けなど要らないのでは、と思えるくらいだ。

「私は十分に生きた。余は満足じゃ」というわけだ。それに、宗教の教えは、時により揺らぐらしいが、筋金入りの信念は、確固として揺らがない。

俺は、実際にそういう頑固爺さんを知っている。

B：「叶わぬ時の神頼み」も修業をつまないと、あまりご利益はなさそうだな。

道連れ

Ａ：自分の死がなかなか受け容れられないのは、独り旅立ってゆかねばならないさびしさもあると思う。
そういえば、おまえ、不思議な体験をしたと言っていたな。もう一度、あのお絵像の話をしてくれないか。

Ｂ：十数年前のことだ。縁あって仏様のお絵像をいただいたんだ。なあに、別に特別なことをしていたわけじゃない。それを自分の部屋に安置して毎朝お水とご飯をとり替え、十分ほど対座し、お顔を見つめながら、ただ〝なむう〟とくり返していただけだよ。そこでは何も願わないし、特にご利益があったわけでもない。

日によっては、〝なむう（今日はこんな良くないことを致しました。ごめんなさい）〟と頭を下げる、ほんとうにただそれだけのくり返しだよ。

それがいつの頃からか、お絵像の目が動き、唇が動き、肩越しに黄金の光が射すようになった。そして心内《こころうち》が穏やかな時も荒《すさ》んでいる時も、お絵像と向き合っていると、いつしかお絵像と私が一体になってしまっているのに気づいたんだ。

それからも如来《にょらい》さまか菩薩《ぼさつ》さまかはわからないが、毎日、ただ〝なむう〟をくり返している。

A：旅立つ時、そのお絵像の仏様といっしょならば、さみしくないな。

B：同行二人、などと今では勝手に思い込んでいるよ。笑い話だ。

思い出さずに忘れずに

Ｂ：思い出さずに忘れずに、か。
それは、自分の死のことだな。禅宗の僧侶の言葉だったと記憶している。
あれこれいじくり回して悩んでみても詮なきこと。忘れてしまおう、ということだな。

Ａ：それに、死はほんの数分間のできごとだそうだ。
その時はその時だよ。

Ｂ：しかし、死そのものは数分間だとしても、その死にたどりつくまでの恐怖、病による苦痛、死後への心配りなど、忘れようにも心に残るものじゃないのか。

Ａ：残された道はただひとつ、認知症ということかな。

Ｂ：自死でない限り、思い通りにならないのがひとの生死だろう。

おまえは「認知症がいい」などと言うが、周りの親族などの苦労を思うと気が重い。

なんとかならないものかな……。

ああ、ひとつ思い出した。今までずーっと寝床に伏せていたひとが急に起き上がって、キチンと正座して、〝ありがとう〟とみんなに頭を下げ、明くる日逝ってしまわれた、という話だ。

Ａ：そういう話を聞くと、ひとの死も悲しくない。むしろ心温まる気すらなるな。

自分の命は、他人《ひと》任せにしない

Ａ：余命ゼロと告げられたがん患者が、医療に任せず、玄米食を中心とした食事療法をして、十数年以上にもおよぶ努力の末に、今なお元気に生活しておられるという話を本で読んだことがある。

その中で、自分の命は他人《ひと》任せにせず、自分で守らねばならない、と強く言っておられた。自分の体で実証された話なので説得力があって感動したよ。

それに、「大往生したけりゃ医療とかかわるな」という医師もおられる。

医療の知識の少ない俺など、右往左往するばかりだ。

常識程度の医療知識は身に着けておかねばなるまい。これは自分自身のためだよ。

Ｂ：余命ゼロの宣告を受けたひとの精神力はすごいものだな。
それこそ、命がけだよ。

死を練習する

B：知り合いのご住職に、檀家さんの生前葬についてお聞きしたことがある。実際に生前葬を行われた檀家さんも「この世へのけじめがついて、すっきりした」とのことだったそうだ。

A：その話だが、作家の水上勉氏は、心筋梗塞で瀕死の状態にまでなられた経験から、死神がやってきた時の応対を練習しておられたらしい。以下に少し引用しておく。

毎日寝る前に死ぬことにしている。（中略）あしたがあるとも思わないのである。一日が元気で無事におくれたら、それでもう満足である。あとは死ぬがいい。すなわち私のベッドは棺桶である。（中略）ベッドに入る直前に一べつして、私は死ぬまねをする。「さようなら」とまっ暗闇の中で、声をだして誰にともなくいうのである。

私も、死んだはずの夜があけた朝は気分がよい。ゆうべ死んだのだから、儲けた気がするのである。これがいい。その日一日が儲け。おまけである。

（水上勉　『骨壺の話』、集英社）

ここまで達観できるのは、瀕死の状態を経験されたからなのかもしれないな。

どこで死を迎えたいか

Ａ：ホスピスがいいな。なかでも在宅ホスピスが理想だというひとも多いようだ。

Ｂ：病院のコンクリートの部屋のなかで死を迎えるのは勘弁してほしいが、その時のなりゆきで思うようにはいかないかもしれないな。

それでもさっき話にでた孤独死というのは、やはりさみしすぎないか。せめて、妻子や孫くらいは枕元にいて欲しいな。

これも煩悩故か、この世への未練がなかなか断ち切れない。

Ａ：その孤独死のことだが、俺の理想を言えば、山あいの片田舎で無人駅から遠く離れた、崩れかけた、人気《ひとけ》もない、わらぶき屋根の一軒家のいろり端に座って、独り、チビリチビリと酒をなめながら、コトンと倒れて、ことされる。

この世のことは全て忘れ、あの世へ想いを馳せながら往生する、というのがいい。


B：それもいいかもしれないな。

海が好きな私は、海の見える小高い丘の上にお墓を買った。

人間、死んでしまえば、無だとわかっているのに、つい買ってしまった。

波の音がかすかに聞こえてくるこんないい場所で、何の煩悩もなく、毎日を過ごせると思うと、なんとも安らかな気になり、墓標には〝南無阿弥陀仏〟ではなく、〝偲《しの》ぶ〟の二文字を彫ってもらった。なにかの時、私のことを偲んでほしいという思いだ。

A：死後のことは誰にもわからないが、〝無〟ではないのかもしれないな。

でも、山の好きなひとは、木々の緑のなかに自分の墓を持つと、お前のいうように、心が安らぐと思う。

B：お絵像のなかの仏様と、時々、そのお墓の中で語り合う、というのもいい。

これは笑い話だよ。

信心とご利益

A：初詣などで振り袖姿の若いひとを見かけるが、あれは信心からの合掌《がっしょう》ではないな。欲しいもののおねだりや、ひとに願いごとをする時のポーズといっていい。
B：若いひとには欲しいものは山ほどあるだろうし、ま、それはしかたないだろう。だが、私たちの年代になると、己の我欲を恥じ、頭を垂れ、手を合わせて神仏に赦しを乞うようになる。
そのことで、我欲が小さくなり、神仏心に近づくことができる。
これこそが、信心による本当にありがたいご利益といえるかもしれない。

もう、そろそろ

Ａ：これまで、いいこともそうではなかったことも、いろいろあったが、このごろは想いを引きずることも、物欲も少なくなってきた。

もう、そろそろ我欲とやらを少なくして、自己の心（滅私利他の心）に満たされた生き方、つまり「おかげさまで」と感謝され、喜んでもらえるほうに向きを変えた生き方をしたい。

Ｂ：周りのひとが感謝し、喜んでくれると、私も心から嬉しくなるな。

Ａ：自己の心の生き方を知ると、我欲も少なくなり、もうこの世は浄土といえるほど、ほのぼのと温かくなりそうだ。

一日もはやく、そうありたいものだ。

B：私もそう願っているが、自分の終末を迎えた時、今の心境でいられるかどうか、私自身、わからない。

A：それは、誰にもいえることだろう。この世の浄土といっても、俺たちは仏様じゃないのだから。

老いの愉しみ

A：もう聞き飽きた言葉だが、この年齢《とし》になって、心から楽しめること、今、本当にしたいこと、しておかねばならないことなど、この世に忘れものをしているような気分で、まじめに考えることがある。

B：もうここらで、自我を少なくして〝利他〟の心で一日のより多くの時間を過ごし、「あぁ、喜んでもらえてよかった」ということを楽しむというのはどうだろうか。

これなら、心の持ちようで、今からでも間に合いそうだ。

A：俺たちには先が見えている。己の欲望を満たすだけに満足し、旅立ってしまう、これは哀《かな》しいことだよ。

Ｂ：利他の喜びをいただいて、こちらも癒される。
今の私たちには、そのことが一番だと思うよ。

人生の幕引き

Ａ：これまで生きてきて、家族もなんとか無事だったようだ。
子供たちも独立し、俺の出る幕もなさそうだ。あとは、自分の死を待つばかりだな。

Ｂ：悟ったようなことを言っているが、お前、ほんとはさびしいんだろ。

Ａ：そうだな。本音を言うとそうかもしれないな。
ひとに必要とされなくなる、つまり用なし人間というのも気楽ではあるが、やはりさびしいもんだな。生きていく支えがなくなったみたいだ。
最近は、そんなことを考えると、自分の死というものが頭をかすめ、死を望むようになってきた。

できるだけ苦しまず、穏やかに、眠るように、そうっと死を迎えたいと。

B：それは誰しもそうだよ。

お前、少し前向きに余生を考えないと。

やり残したこと、楽しめる趣味、ひとに喜んでもらえるボランティアなど、今なら時間もあることだし……。

A：そんな時、俺には、いつも、自分の死への恐怖のようなものが影のようについて離れないんだ。

B：であれば、まず、死というものを、自分のなかで成仏させることが第一だと思う。

時間はかかると思うが……。

我欲の裏返し

Ａ：この我欲という奴、なんとかならないものか。わびしくてやりきれない。

Ｂ：我欲の反対側にあるのが〝おかげさま〟の生き方だと思う。お前、さっき、家族も独立して、用なしになったと言っていたが、その裏側には自分がつらい仕事をがんばってきたおかげで、という気持ちもあるだろう。

Ａ：まあ、少しはある。

Ｂ：それは、あまり感心できないな。その思いを裏返しにして、妻子がいてくれたおかげで、仕事にも精を出してこられたとは考えられないか。で、家族に向かって、おかげさまで、と感謝する。

Ａ：うーん、ものは考えようというけれど、そこまでは……。

Ｂ：私たちが今を生きていけるのは、空気があるから、太陽が照ってくれるから、などと思うひとは少ないだろう。おかげさまでの気持ちがないからだと思う。それは、空気がなくなってみて、はじめてわかること、親の恩と同じだよ。

苦を愉しむ

A：この世の中、楽なこと、楽しいことばかりで、苦労のない生活というのは、気の抜けたビールみたいなもので、味がないとは思わないか。

B：そうだな。苦労の末にやっと手に入れたもの、それは光り輝いていて、その苦も気にならない。

A：そう。なんの苦もなく楽して手に入れたものは、感動もなく、空虚なものに思える。

B：つまり、苦のない楽は、つまらないということか。

A：まあ、そうだな。しかし、大きな苦を宿命として背負わされ、生まれてきたひともいる。

その苦を乗り越えることで、非凡なる力、悟りといってもいい、むしろ強力でおおらかな精神力を得たひともいる。たとえば、ヘレンケラー女史。

生まれながらの、どうにもならない苦難との闘いの末、それを宿命として受け容れ、諦観を悟りの境地にまで高め、他人《ひと》への愛にまで昇華させることのできた女史だ。彼女は何ごとにも怯まない強さを勝ち取られたのだと推察する。

B：楽して手に入れたものはすぐに壊れるが、苦を乗り越えて手に入れたものは頑強で永遠なものである、か。

お迎えはありがたい

Ａ：〝お迎え現象〟というのは、なかなかいいものらしいよ。あれは、せん妄や幻覚だろうと聞き流すひともいるが、そのお迎えを体験したひとは、穏やかに旅立って逝くらしい。

Ｂ：すでに亡くなった身内や、世話になった知人などが枕元に現れ、親しく声をかけてくれるのであれば、独り旅立つのではなく、〝同行二人〟だな。こんないいことはない。私もそうありたいよ。

Ａ：しかし、お迎え現象が起きるのは、病院ではごく稀で、自宅でというのがほとんどのようだな。

B：そうだな。そして、このお迎え現象は、人生の最期をなんとか穏やかに迎えさせてあげようという、神からのギフトでは、とも言われているらしい。

A：そういうことであれば、もう言うことはない。俺もあやかりたいものだ。

死とは、自分独りになること

A：主治医から余命を告げられた時、自分の死を本気で覚悟し、受け容れねばならない。いちばんつらい時期だと思うよ。

俺はそうなった時、目には見えない何者かに延命を乞うだろうか。

自分の死は、自分独りで受け容れるしかないと悟った時、本気で孤に徹することができた時、ひとはこの上なく強くなるらしい。この世の濁りから浄化され神仏の心根に近づき、神や仏になるそうだ。

B：生もそうだが、死んでいくときも、独りで旅立っていくしかないからな。

しかし、生前に、親族や知人たちへの思いやりや心配りがあれば、そのひとの死は、自分の死後も残されたこのひとたちの心の中に好意をもって長く生き続け、死後も無ではなくなるはずだ。

A：そうなれば、独り死んで逝くのも怖くはない、と思えるのかもしれないな。

孤独というわびしい言葉

A：先ほどから話にでてくる、「独りになる」とか、「孤に徹する」とか、わかる気もするが、霞《かすみ》を見ているようで、実感としてピンとこないんだ。

B：〝孤〟というのは〝捨〟、つまり全てを捨てることだと思う。

自分の周りとのつながり、それは妻子、知人、友人、仕事上のつながりと色々あるが、これらを全て捨ててしまって、天上天下我独り、生きていくのも死んでいくのも我独りということだ。でなければ、心からの安らかな死など、望めないと思う。

死んで逝くのにも、修業が必要なんだな。

世捨て人

Ｂ：この世への未練を捨てさる、つまり〝捨〟ということをどう思う。

Ａ：生きている今、俺には全てを捨てることなどできそうにないな。

Ｂ：そうなると最後に残るのは、自分の命を捨てることしかないのか。

この先、少しばかり長く生きても、あまり良いことは起きそうにない。

いつ、死がやってきてもいい、そんなふうに考えてジタバタせずに諦める。

捨ということは、捨てることばかりでなく、自分が持って生まれてきた宿命とやらを受け容れるということ、「しょうがないなぁ」と言いながら受け容れることでもあるからな。

肉親の病気など、変化は突然にやってくるものだ。これは〝捨〟ではすまされない。
だから、そのことを自分がこの世に持って生まれてきた縁として、受け容れ、
共有することができれば、自分も救われるのではないかな。

死もそう悪くはない

A：自分の余命を告げられた時、ひとはどういう心境になるものやら。

B：他人《ひと》への憎しみが薄らぎ、これまでお世話になったことを、改めて思い起こして感謝し、「ありがとう」「おかげさまで」という気持ちでいっぱいになるのではないかな。

そのご恩を返せぬまま、逝ってしまうことを悔い、そして詫びる。

A：つまり、仏心に近くなるということか。ひとは自分の死を前にすると成仏する、とも言われるからな。

B：生は無常であるが、死は永遠であるらしい。それならば仏であり続けることも可能なのではないかな。

A：そうだな。死が、唯一残された救いである、というひとは、永遠に救われることになるな。

しかし、死後の世界などあるのか、それがどんなものなのか知る術《すべ》はない、がな。

B：死が永遠に変わらぬものならば、安心して逝けるということか。

死もそう悪くはないな。

A：死は永遠であるということを信じたいものだ。

肉親の死

Ａ：がんの闘病記を公開するひとを、近頃よく見かけるようになった。

それを「自分の存在意義を見出している」と評価するひともおられる。

だが、俺が思うにそれは、幼い我が子を残して逝かねばならない申し訳なさ、わびしさ、さみしさ、それに独り旅立って逝くことへのわからなさ、恐怖ゆえの行動だと思う。

Ｂ：他人《ひと》ごととはいえ、想うに忍びないな。
しかし、ひとつ救いになることがある。それは、残されたひとたちの心が、そのひとの死に立ち会うことで心底から浄化され、先立ったひとが、永遠に仏として生き続けるということだ。それほど、肉親の死は、荘厳であるはずだ。
ひとは、〝孤〟を覚悟した時、なにものよりも強く、温かくなるらしい。

人生の終末の生き方

Ａ：この年齢《とし》になると、生計よりも死計のほうが切実だよ。

Ｂ：死計とは死後への心配りということか。

Ａ：それもある。それよりも、終末までの時間をどう過ごせば悔いを残さず納得して逝けるのかということだよ。なにか大切な忘れものをしているようで、落ち着かない。

Ｂ：これまで生きてきて、なにも悔いがないひとは少ないと思うが。

Ａ：俺は、残り少なくなってきた時間を悔いなく大切に生きたい、と願っているよ。金や地位、名声など、人生の付録を集めてみてもしようがない。

B：では、我欲を捨て、利他、思他に向けた、思いやりのある生き方をしてみるというのはどうだ。

「おかげさまで、ありがとう」という言葉を多くいただければ、お前自身も救われるのではないのか。

これほどいいことはない。

人生、終末の理想の生き方と言えるのではなかろうか。

死の運と不運

Ａ：じつは、俺の母のことなんだが、ある日いつになく目覚めが遅いので、二階に声をかけにいってみると、もう息がなかった。

Ｂ：それはいい。理想的な死の迎え方だと思う。最近では、医療の進歩で、その病苦による地獄をみないと、あの世へは逝かせてもらえないらしい。困ったことだ。

私の父は、肺がんがもとで、死への恐怖も重なって、どうにもならない苦しみのまま、あの世へ逝ったよ。

Ａ：死んで逝くのにも、運、不運があるんだな。

死にがい

Ａ：生を欲することは生きものの本能だと言われる。
で、俺も自分の死は、なかなか受け容れることができない。
それは我欲だ、と言われればその通りなんだろうが……。

Ｂ：私たちも、もう下り坂、帰り道の人生だ。ここらで向きを変えて、どう死んでいくか、ということのほうが、しっくりくるし、大切なことだと思う。
たとえば、「あのことだけは残していく孫たちのために、やり遂げておかねば死ぬに死ねない」ということがあれば、その願いが叶った時、もう思い残すことはない。いつお迎えがきても喜んでついていくよ、という具合にならないだろうか……。

A：つまり、生きがいではなく、死にがいだな。
そうなれば、自分の死も怖くはない、ということかな。

男の仕事は生きがいになり得るのか

Ａ：まずは、家族を養い、自分も生きていくための糧を得ることが基本になるな。しかし、食っていくためだけに働くというのでは、あまりにわびしいもんだ。理想は、好きなこと、得意なことをして糧を手に入れることだと思う。芸術家とか、アスリートとか……。

Ｂ：しかし、その能力を持ち合わせていないひとがほとんどだと思うが……。

Ａ：そういうひとは、今の仕事に働くことの喜びと意義を感じようと努める、無理にでもそう仕向けるのじゃないか。

たとえば、会社のなかでの地位、部長も遠くないだろう……などとな。

そうするほか、方法はないように思える。

B：この世とやらは、能力《ちから》のないひとには非情なものなんだな。

運、不運のはなし

Ａ：この世のなかの生きものの運命は、どんな星のもとに生まれてくるかで、すべて決まっているのかもしれないな。

運、不運の差がそのまま能力の差になり、勝者、敗者に分けられてしまう。

Ｂ：だから、生まれてくる時の運、不運を除けば、優劣も勝敗もなく一直線上に並び、生きものは、すべて平等になる、と思うが……。

Ａ：しかし、それではドングリの背比べで、船長のいない船は漂流してしまう。

Ｂ：それもそうだな。やはり、この世のなか、上下や強弱のケジメはあったほうが、うまくいきそうだ。

Ａ：ただ、勝者におごりがあってはならないな。
これは、星からのいただきものであり、ただ運が良かっただけ、ということを意識しておかねばなるまい。むずかしいことだが……。

孤について

Ａ：ひとは、自分の死を受け容れるためには、〝孤〟になりきらなければならない、と聞いたことがあるが、どうだろう。なかなかのことだと思う。誰にでもできることではないのでは……。

Ｂ：その時になれば、否が応でもそうならざるを得ないだろうな。
いっしょにあの世へ逝ってくれるひとなどいるわけがないだろうから、覚悟しなくてはなるまい。

Ａ：俺自身の経験なんだが、何もかも母親にべったりだった末っ子の弟が先立つ時、泣いている母親の手をとり、

「大丈夫、だいじょうぶ」

と逆に母をいたわっていたのをみて、意外に思ったことがあった。苦しく長い道程《みちのり》ではあったが、やっと独りで旅立たねばならないことをその時覚悟したのだ、と思う。とくに母親との別れは、どんなにつらかったたか。

ひとは、〝孤〟を悟った時、こんなにも強くなれるものなのか、と思ったよ。

どうにもならない、自分の生死

A：このあいだ、「生死はわれのものでなし」というのを読んで、ドキッとした。以前にも聞いたことのある一節なんだが、忘れていた。
B：ひとの生死は、計《はか》らいの外《ほか》、とも言われているが、どうにもならない自分の死だけは、自然の法にまかせるしかない。
法のままにこの世に生まれ出でて、法のままに生き、いや生かされ、法のままに死んで消えていくしかあるまい。
A：そのことは、俺にも納得できる。
しかし、いままで七十年以上もの間、「俺は生きてきた、自分の力で生きてきた」

そう思い込んで疑わなかったんだ。生きてきたのではなく、自然の法に生かされてきた、ということに気が付かなかった。

それを思うと、本当に恥ずかしい限りだ。

B：生きているのではなく、法のままに生かされいていることに気づくひとは、そう多くはないだろう。遅きに失したとしても、いま気づいただけでもいいと思う。

ある老衰死

Ａ：このまえ、「老衰死　十年で三倍」という新聞の見出しが目に留まった。

安楽死という言葉はよく耳にするが、老衰死というのは、あまり聞いたことがなかったから気になったんだ。

その記事によると、「大往生ですね、立派な老衰死です」との医師の言葉に、看取った親族の方はみんな涙ひとつ流さず、死を納得し、静かにうなずいておられたとのことだ。

これには理由があって、亡くなられた方が、息を引き取られる前の日に起き上がり、一人一人に「ほんまにありがとうございました」と丁寧に頭を下げ、その翌朝眠るように独り旅立って逝かれた、ということらしい。

「母は枯れて、美しいすがたになって逝きました」と親族の方が言っておられたそうだ。

B：余分な感傷もなく、なかなか良い話だと思う。

この世への恩返し

Ａ：この世に生かされてきた動物、植物にしても、息が途絶えれば腐敗し、枯れ朽ちて土に還る。

中村仁一氏の『大往生したけりゃ医療とかかわるな』（幻冬舎、二〇一二年）という本にこんな内容があった。

ある医師が「我々人間は、動植物の命を断って、そのおかげで生かされてきたのだから、自分の遺体は散骨にして、海や土に還してほしい」と言われたそうだ。これには感銘を受けた。自分の遺体をもって動植物に恩返しをしよう、ということだ。

B：動植物の命を断って、それを食して生きていくしか術がない、というのも自然の法のきまりだが、それら生きものへの感謝の思いなど全くないというひとも多いな。

A：ライオンや像などは仕方ないにしても万物の霊長とされる人間が、このありさまだと、なんとも、やりきれないよ。

行きつくところ

Ａ：もう俺たちの年代になると、下り坂への一方通行だ。近ごろは、終着駅にたどり着くまでの、悔いの少ない生き方をまじめに考えている。

Ｂ：実は、私もそのことについて考えることが多くなった。知人の死などを知らされると、他人事《ひとごと》でなく、自分の死を身近に思うようになる年代なんだ。

Ａ：「ひとが悔いなく生きるには、我欲を少なくすることだ」とお前は言ったが、やはり、そのことに尽きるかな。どうだろう。

Ｂ：うん。いまさら我欲を追い求めても、この年になると喜びも薄いように思う。そうなると、滅私利他ということで、ひとの喜ぶ姿をみて、自分も嬉しくなる、ということのほうが喜びが深く身にしみるもんだよ。

それに、他人様《ひと》に〝おかげさま〟というひとことをいただくことが、この上なく嬉しい。

なにごとも、自分の手柄だけにせず、あのひとの助けがあったればこそという感謝の気持ちも忘れないようにしているよ。

涙いろいろ

Ａ：哀（悲）しい時の涙は、水滴であり、周りを湿った雰囲気にしてしまう。
Ｂ：しかし、世の中には、心底から喜びを感じた時などの感動の涙もあるだろう。悦び、慶び、これらの涙には湿り気はなくカラリとしている。
Ａ：たしかにそうだな。
しかし、そうはいっても、今のところ身の周りには悲しいこともなく、晴々としているという人には、悲し涙の一滴《ひとしずく》が、乾いた喉には心地よくしみることもあるかもしれない。
Ｂ：この世の中、悲しいことはいろいろあるが、自分の死のほかには、一番の悲しみといえば何だろう。

Ａ：本気で自分は孤独だ、と感じた時かもしれない。

ご利益

A：宗教でいうご利益とは、その教えによって、人間の精神の限界から救われた、ということだろう。金銭のからんだ話ではない。

B：「くそ坊主め！」などと言って、宗教を受け容れようとしないひともいるけどな。理屈はどうあれ、宗教に救われているひとのほうが、楽に生きていけると思う。それも、心までもが浄化され、きれいに生きていける。

自分の生きざまを宗教の教えに照らしてみると、今まで見えなかった自分の醜い姿がはっきりと見えてきて、下がらなかった頭がひとりでに下がる。

そして、目には見えない神仏に対して〝ごめんなさい〟と赦しを乞う。

そのことで、自分の心うちまでもが浄化され、少しでも神仏心に近づくことができると思うんだ。

A：それは大きなご利益だよ。人間を根っこから変えてくれる。

自分の死を受け容れるための修業

B：自分の死を理屈で割り切ろうとするから、その恐怖に耐えられなくなるんじゃないのかな。

A：では、どうすればよいのだろうか。

B：それは、今から自分の死と馴染んでおくことだと思う。

作家の水上勉氏のようにベッドを棺桶にみたてて、毎晩寝る前に「さようなら」と周りの人に別れを告げるのもいいかもしれない。

ある医師はダンボールでできた棺桶を手に入れ、死に装束で入ってみるそうだ。そうすることで、自分の死と慣れ親しんで、死への覚悟を決めるということだな。

Ａ：そういう修業もいいが、これまでの自分の生き様を顧みて「まあまあ、そんなに悪い人生ではなかったかな。少しばかりの不満はあるが、こんなものだろう」と折り合いをつけ、納得し安堵する。

で、すんなり自分の死を受け容れることができる。

宗教とは独りで悟るものらしい

Ａ：どうにもならない苦しみから抜け出すには、宗教の力を借りるのも一策だと言われるが、そう思い通りにいくものなのか。

Ｂ：仏の智恵といわれる教えによって、心がひらかれ救われるということだな。しかし、宗教、つまり仏は手をさしのべてまで助けてはくれない。むしろ時として、我々に苛酷な試練を与えることもある。

Ａ：にわか仕立てや妄信などでは、そうたやすくは救われないだろうな。

Ｂ：どうにもならない苦難を十二分に苦しみぬいて、仏のいう教えを悟り、自分独りで立ち直り生き抜いていくしかないんだ。宗教の力、救いというのはそういうものだよ。何かが起きるとすぐに手を合わせ、助けを乞うというのでは駄目だと思う。

A：それはもう、叶わぬ時の神頼みでしかないからな。

B：しかし、神仏の真の教えを理解し、悟ることができれば、つまり、その教えが自分の血肉になって消化吸収されるということになれば、もうこれは神仏の境地といってもいいだろう。

A：俺なんかは、なかなか成仏できそうにはないな。

当たり前のこと

Ａ：日頃、当たり前にあったものが、ある日突然なくなってみると、なくてはならないものであることに気づき、感謝の心が芽生える。

Ｂ：それは誰しも思いあたることだよ。なくしてわかる親の恩などともいうな。

これまでに苦難を乗り越えて築き上げてきた家族について、「自分の働きや収入によって養い作り上げてきた」というひとは多いが、「家族がいてくれたおかげで、ここまでがんばってこられた」というひとは少ない。

やはり、なくしてみないとわからないものなのか……。

しかし、それでは遅すぎる。

宗教の教えというものは、我々凡愚が忘れていることを気づかせてくれるものらしいが、悲しいことに我々人間は、仏に会って、その教えを聞かないと、いただいている〝おかげ〟ということを思い出さないらしい。

なかなかのこと

Ｂ：この前、良寛の話を読んだ。

一間きりの寒々とした粗末な草庵《そうあん》に住まい、〝嚢中三升の米、炉辺一束の薪で満足し、雙脚等閑に伸ばす〟と悠々と生きた話なんだが、著者は「あるのが常ならばないことに不満こそ感じても、決してありがたがる心持ちは湧かない」らしい。

（中野孝次『清貧の思想』、草思社）

Ａ：俺は、不満一杯に生きるより、感謝の念をもって毎日を過ごせるほうがありがたい。

Ｂ：満ち足りた今に生きている私たちには、これはなかなかのことだと思う。
さらに、良寛自身も言っているよ。
〝僧は清貧を可とすべし〟と。

Ａ：だが、それは禅僧だから言えることで、俺たちには、なかなかのことかもしれないな。

仏はなにもくださらない。

A：俺は仏教を少しかじったくらいで、よくはわからないが、「信仰心を持つことで悩みがなくなるというのは嘘だ」という熱心な宗教者もいるらしいな。

B：そうだな。しかし、なかには宗教の教えが生きていく支えになっている、というひともいる。

そして、そういうひとのなかにも、毎日の生活のなかで、信仰というものの限界を知って、心が揺れ動いて悩んでいるひともいる。

A：では、宗教というものの目指すところは何なのだろうな。

この世の苦をどうにも受け容れることの出来ないひとの逃げ場か。

B：私は精神の浄化だと思う。

宗教のいうところの理念、教えに自らを照らしてみると、己の酷い我欲の塊がはっきりとみえてくる。

そこで自然に〝ごめんなさい〟と頭が下がり、仏に赦しを乞う。それにより心が浄化され、仏心に近づくことができるのではないだろうか。

仏はなにもくださらない。だが、欲深い我々人間の我欲を少なく、小さくしてくださる。

俺は宗教や仏に、これ以上のことは望まないよ。

枯れ落ち葉

B：私はこのごろ、「木枯らし」という言葉を聞くと、じーんと心が落ち着く気がする。

雨のあと、朝日を浴びてきらめいていたあの緑の若葉も、やがて紅葉し、枯れ落ち、風に吹かれて宙を舞い、地上で朽ちて土に還る。

それは、ひとつの年も越さず潔く散って、樹木の命のもとになり、新しい若葉を育て、新しい芽生えの礎となって、恩を返していくんだ。

つまり、たった一枚の木の葉にしても無常ではあるが、落葉になっても無ではなく、新しく芽生えてくる若葉のためにはなくてはならないものになっていく。

それならば、ひとの命も、死して無になるのではなく、子々孫々にまで、そのひとの想いが伝わり続くのではあるまいか、などと思うことがあるよ。

Ａ：そう思えるのはいいことだよ。うらやましい限りだ。

俺も、これからは落葉にも気をつけることにするよ。

心の拠り所

Ａ：ひとは信念、つまり「このことだけは死ぬまでおろそかにはできない」というものを、それぞれ持っているのではないだろうか。

でないと、中味は何もない空っぽの人間ということにならないか。

Ｂ：おろそかにできないもの……か、それは年とともに変わってくると思う。

Ａ：たしかに変わるだろうな。しかし俺は、変わってもいいと思う。俺は今のところ、〝ありがとう〟という感謝の気持ちを忘れないことだと思っている。

Ｂ：私は、〝おかげさまで〟の一言をいただくのが何よりうれしい。

肉親はもとより、周りのひとたちにこの言葉をいただいて旅立てれば、もう何も言うことはない、などとひそかに望んでいるよ。

A：金や地位などのこの世の付録は、あの世へ逝く時には何にもならん。

B：そうだな。〝おかげさま〟という言葉は、私にとっては何にも代えがたい宝物だよ。

人の力の及ばないこと

Ａ：人間は自分ひとりの力だけでは、米粒ひとつ作れないし、野や山に、毎年新しく芽吹く草木一本作り出せない。

これが万物の霊長などと言われている人間のありさまだよ。

Ｂ：しかし、ここで人間というものの無力さを知り、人間の遠く及ばない何ものかの力（他力）で生きている、いや生かされている事実に気づくと、その力の偉大さに、たいしたことだなぁと驚き、頭が下がる。

そして、これが人間の生きていくことの原点であることに気づくと、何ごとにも、〝ありがたい〟という感謝の気持ちで向き合うことができ、救われていくということだ。

A：うん、それは自分の気持ちの持ちようひとつで可能だと思う。いいことだよ。

自然死のすすめ

「死」という自然の営みは、本来、穏やかで安らかだったはずです。それを、医療が濃厚に関与することで、より悲惨で、より非人間的なものに変貌させてしまったのです。

（中略）がんでさえも、何の手出しもしなければ全く痛まず、穏やかに死んでいきます。以前から「死ぬのはがんに限る」と思っていましたが、年寄りのがんの自然死、60～70例を経験した今は、確信に変わりました。

（中村仁一『大往生したけりゃ医療とかかわるな「自然死」のすすめ』、幻冬舎新書）

Ａ：これは、中村仁一氏の著書で語られていることだ。さらに氏は、「できるだけの手を尽くす」は「できる限り苦しめることだ」と、今の医療体制のありかたに大きな懸念をもっておられる。これを読んで、死んでいくのがなんだか怖くなったよ。

参考になると思うので、氏の他の著書を紹介しておくよ。

・『大往生したけりゃ医療と関わるな「介護編」』幻冬舎新書
・『老いと死から逃げない生き方』、講談社
・『幸せなご臨終「医者」の手にかかって死なない死に方』、講談社

自分の死を先延ばしすること

A：死は誰にも訪れるものだが、自分の死を一時でも先延ばしすることに、それこそ命を賭して闘うひともいる。

どうやらひとは、自分の思うに任せないことをなし遂げようとする時、生きがいを覚えるものらしい。

B：がんで余命を告げられたひとは、あらゆる苦痛に堪え忍んで生きながらえようとする。これは、その人にとってまさに生きがいになる。

死というものを、嘆き悲しむばかりではなく、自分に最後の生きがいを与えてくれたものとして、むしろありがたく手を合わせる……無理な話かな。

A：それは誰にでもできることではない、と思う。
やはり、ひとは死の間際まで、自分の死を先送りしたいものらしい。
そのことで、病苦も死への恐怖も長くなってしまうが、それでもひとはそう望む。
自分の死を受け容れることは、なかなかのことだと、思い知らされるな。

長寿が残酷な場合もある

A：早くあの世とやらへ逝かせてくれ、と本気で望んでいるひともいる。
B：それは、安楽死を望むということか。
A：今の、この苦しみを乗り越えて生きていこうという意欲がなくなった時にはそう望んでもしかたないかもしれない。
B：しかし、後になって、その苦しみから解き放たれ、「あの時、早まったことをしなくてよかった」という時がくるかもしれない。
その時は、大きな悔いを残さなくてよかった、と一安心するはずだ。
A：しかし、本気で早く逝きたいと願っている時は、死への恐怖や未練よりも死んで楽になることを望んでいるはずだ。

早く逝けるならば、そのぶん苦しまなくてすむ。

B：そう言われればその通りだが、天から授かった貴重な生命を、本人の一存で思うままにしていいものなのだろうか。

第二章

知者のことば

死を深く見つめた方の言葉には、強い説得力がある。

あの世とやらは、あるらしい……。
――佐藤愛子氏の言葉より

人生の終末に、必ず訪れる自分の死について考えているひとは、意外に少ないらしい。

そういうなかで、〝あの世とやらは、ほんとにあるのだろうか〟などと聞いても、笑い話か冗談だろう、と一笑に付されて終わってしまうだろう。

ところが、どうやらひとの死後は、無ではなく、あの世とやらはあるらしい。

佐藤愛子氏の『私の遺言』（新潮文庫）を読み進めていくうちに、「なるほど、なるほど」とつい頷いてしまっていた。

これは、二十数年にも及ぶ長い間、氏自身が奇怪な超常現象を体験されたことによる強い説得力故なのかもしれないが、無神論者であった私ごとき者でも、信じてもいいのでは、ということになってしまった。

では、氏が〝死後の世界はある〟という確信にまでたどり着かれた経緯をここに紹介させていただく。

――人は死ぬと無になる。

私はずっとそう思っていた。よく考えもせずにそう思っていたのは、そう考えておくのがらくだったからだ。

その氏が、一転して、

死とは無になることではなかったのだ。肉体は滅びても霊魂は滅びない。人間の主体は肉体ではなく魂である。死ぬと肉体はなくなるが魂は「死後の世界」（四次元世界）へ行く（それが仏教でいう成仏《じょうぶつ》である）。

と、いわれるまでになった経緯《いきさつ》はこうだ。

人は死ぬと「あの世」へ行く。この世は三次元世界、「あの世」は四次元世界で、そこには物質も時間も空間も距離も重力もない。波動の上下によって厳格な縦割制度が作られていて、まず幽現界があり、その上に幽界、更にその上に霊界、神界と上って行くのが四次元世界である。

人が死んで肉体が消滅すると幽体が残る。幽体はエーテル体で（それは人が生きている時、オーラとして肉体の形に添って輝いている)、ひとまず幽現界へ行く。一般に死後四十九日の間は死者の魂はこの世にいるといわれるが、これが幽現界である。「あの世」とは幽現界の上の幽界で、そこへ上ったことを「成仏《じょうぶつ》した」というのだ。

死者は現世にいた時の心の波動によって行く場所が決まるから、心の波動が高ければ幽現界を通り越して真直《まっすぐ》に幽界へ行けるが、そういう人は極めて稀《まれ》で、たいていは四十九日を過ぎても幽現界に留まっているという。幽現界から幽界へステージを上げ、そこで霊界へ上る心境に達すると自発的にエーテル体を捨ててアストラル体となって霊界へ上る。

幽現界(現界と幽界の間)は現世での執着物欲などを引きずったままの世界である。そのためになかなか幽界へ上れず、死者の大半はここにいるといわれている。

北海道ではじめて超常現象を体験してから二十五年、美輪明宏さんに始まって十指に余る霊能者、祈禱師《きとうし》、心霊研究家の人たちに接触してきたが、それによって私が信じる死後の世界の情報が右の記述である。

死後の世界ということになれば、〝神仏〟の存在はあるのか。氏は〝神仏〟への祈りを次のように解釈しておられる。


しかし気がつくといつか私は神の膝下《しっか》にいた。いや、いるようだった、といった方が正確かもしれない。神は見ているだけ。それでよい、そういうものだった。幸せを祈ったからといって、神が叶《かな》えてくれるものではない、神は助けもせず、罰しもしない。

神は道徳家ではない。道徳を考えるのは人間なのである。自分の生んだカルマは自分で克服するべきものなのだ。祈れば神が聞き届けてくれるものではない。祈れば自分の魂が浄化されて行く。それが祈りの意味ではないのか？

（佐藤愛子『私の遺言』、新潮文庫）

最後に氏は、同書の中で九十年にも及ぶ自分の人生をふり返って、次のように結んでおられる。

私の過去のもろもろの苦労は、私のカルマであると同時に私に与えた使命をなし遂げさせるための訓練だったのだ。今、私はそう思う。苦しみから逃げなくてよかったと思う。人間は苦しむことが必要なのだ。苦しむことで浄化への道を進むのだ。

自分一人がなぜこんな目に遭うのかと腹が立つことがあっても、これが自分に課せられたカルマだと思うと諦《あきら》めがつく。

——天や人を恨んでもしようがない。

それを正しく認識すればカルマを解消するためにこの災厄から逃げずに受けて立とうという気持になる。そうなればよいのである。そう思えば勇気が出る。生れて来たことをよかったと思えるのだ。

私は十分に生きた。後は死を待つばかりである。どんな形で死がやって来るのか。たとえ苛酷な死であっても素直に受け容《い》れることが出来るように、最後の修行をしておかなければならない。

これはもう、自分の思うままに、他人《ひと》に頼らず、その場から逃げずに生き抜いてこられた、氏の〝悟り〟といってもいいのでは……。
さらに〝自分の死〟についても、次のように達観しておられる。

死は怖《おそ》ろしく無慚《むざん》なものである。だからこそそれについての準備が必要なのだ。（中略）
どんなふうに死にたいか、と私は時々自分に訊《たず》ねる。殆《ほとん》どの人が願うように私もやはり「ポックリ」死ぬことが理想である。しかしそんな幸福な人はごく少数の選ばれた人たちであろうから、私はやがて訪れる私の死を何とか上手に受け容れたいと考える。上手に受け容れるということは、出来るだけ抵抗せずに自然体で受け容れたいということだ。

そのために私は（昔の人がしたように）死と親しんでおかなければならないと思う。死を拒否しようと努力するのでなく、馴染《なじ》んでおきたいと思う。少しずつ死に近づいていよう。無理な健康法はするまい。不自然な長命は願わない。余剰エネルギーの始末に苦しまなくてもいいように、身体《からだ》に鞭打《むちう》って働きつづけよう。「人間の自然」を見詰めよう。死は苦しいものかもしれないが、それが人間の自然であれば、あるがままに受け容れよう。ボケ老人になることも人の自然であれば、それを受け容れよう。ボケることによって死の恐怖を忘れ、種々の妄念《もうねん》から解放されて死んでいく。あるいは老いてボケることは、神の慈悲というものかもしれないのである。ならば遠慮なくその慈悲を受け容れよう。

考えてみればこの世にも苦しいことは多々あった。私はそれに耐えてきた。その苦闘の経験はもしかしたら最期《さいご》の苦しみを耐える上にいくらか役立つかもしれないと、そう思おう。

そうはいうものの、現実の私の死は「あるがままに受け容れる」のとは程遠い様相になるかもしれない。その心配はあるが、それでも私はいいたい。あんなことを書いていたけれど、佐藤愛子はあのザマだといわれることを私は怖れない。そういわれてもいい。私が今、ここにそれを述べることが、自分の覚悟を促し固めることに役立つと思うからだ。

(『こんなふうに死にたい』、佐藤愛子、新潮文庫)

あの世のあることを信じ、神を認めておられる氏の、自分の死への覚悟である。

しかし、同書の中で氏は、

「煩悩《ぼんのう》の解脱《げだつ》」など、我々凡人には肉体が枯れる以外にそうた易《やす》く出来るわけがないのである。

と述べられ、一抹の不安もうかがえるが、それは、血を分けた娘さんやお孫さんとの別れへの熱い想いもあると思われる。これは、もう理屈や宗教などという話ではなく、ひととしての情愛、本能といってもいいのではないだろうか。

また、そう遠くないであろう自分の死を拒絶するのではなく、馴染んでおきたい、そのための修行をしておかねば、とも言われている。

どんな苦しいことにも動じず、真正面から向き合って生きてこられた氏だからこその心根ではないだろうか。

最後に私見を述べれば、残りの少ない自分の生は、いくばくかは知る術はないが、私に与えられた運命《さだめ》のままにいただき、生を浪費せず、神仏に〝おかげさまで〟の感謝の心をこめて頭を垂れ、合掌して旅立とうではないか、と己に言い含めているこの頃である。

ひとのもつ我欲故に重くのしかかる死への恐怖も、残される周りの人々への思いやりや慈悲の心にまで昇華できれば、このつらい自分の死も受け容れることができるのでは、と願っているが、氏と同様、その時になってみないとわからない、というのが、ほんとうのところである。いずれにしろ、少しは悟っておとなしくていた自分の死への恐怖が、いつ牙をむいて襲いかかってくるやもしれない。

しかし、芸術家や芸能人など、自分の作品が、死後も永く人々の目にふれるということは、その人にとっては死後は無ではなくなり、一種の永生観をもてるのでは、と少しばかりうらやむ気持ちでいるが……。
これは、自分の死を間近に見つめている、一老人の実感である。

生死を超える（一）

――米沢英雄『仏は私に何をくださるか』（光雲社）より

少し前までは、〝孤独の人〟といえば、奇人か変人か、社会に受け容れられない可愛そうな人として見られていた。

しかし、近ごろでは、〝孤独〟は密《ひそ》かに自分自身と向き合い、ありのままの自分を知ることのできる楽しい時間だ、というひともいる。

反面、自分にいちばん見えてこないものは、自分自身のことだ、ともいわれる。それに意識をもつ人間は、周りの人の自分への情動的な反応をあてにして生きがいを感じるものらしい。

たとえば、生きものの気配の全くない、誰も知らない遠く離れた無人の島で、永遠にその島から出ることのできないというなかで、孤独を楽しみ、自分自身と対話し、ほんとうの自分自身が見えてきたとしても、そのことを文字で表現しようなどと思うものだろうか。

誰も読んでくれる人などなく、何の反応もないことはわかっている。

そういう時、自分と向き合うことが楽しいことになるのだろうか。

群れる人があっての〝孤〟であり〝個〟なのではないか。

人が〝孤〟になることとは、そんなに浅く易《やさ》しいことではないと思われる

ここで、人が〝孤〟になって、本当の自分に会うことのできた一例を、米沢英雄氏の『仏は私に何をくださるか』（光雲社）より紹介させていただく。

浄土真宗で生死を超えるというのはこういう形であると、（中略）その具体例について略述する。

それは四十七歳で癌が手おくれで死去した一女性である。隣県から老舗の一人息子の処へ嫁に来て二十六年目で死去する。

身体の不調を感じたが姑に遠慮で医者に診《み》てもらいたいとは言えなかった。我慢し切れなくなって病院へ行った時はすでに手おくれであった。旧家で金があるから病院に入院させ特等室で家政婦をつけて看病させた。

ここで重要なことは、その嫁はその年まで仏法に全然ご縁がなかった。同市にKさんという当時五十八歳の主婦がいた。彼女は娘時代から浄土真宗の説教を聞いてきた。

ＰＴＡで姑と彼女が知り合った。（中略）姑はＫさんが仏法に明るいということを承知していたので、Ｋさんの処へ来て嫁が癌で入院しているから法話をきかせてやってくれと頼んだ。

いつもは夜の十一時まで働くのであるが九時で打切って自転車で病院へ駆けつけ裏口から入って病室へ行く。

病人はＫさんにとりすがって喜ぶ。そして今日までの自分の人生は何であったかと歎く。日頃の怨念が一時に露出してその時の病人の形相は悪鬼のようであったとＫさんは書いてよこした。さもあらんと思われる。

Ｋさんは病人の愚痴を聞いてやって背中を撫でさすってやる。病人はその人間的な親切を喜ぶ。

「今日は奥さん（＊Kさんのこと）が見舞って下さった。本当に嬉しかった。何時に変らぬご親切に頭が下がる。私の背をさすって下さって、そのやさしさに甘えたくて、取り乱してしまった。どうしようもない悲しさ、淋しさに、こみ上げてきて、泣き切って、困られたことと思う。ご免なさい。」

ここまではいいのだが、

「今日はあの方と三時間も話してしまった。私の悲しみ、苦しみをどのように見て取られたか。逆に色々と聞かれたが、心のことらしい。何にも、ご返事が出来ない。」

「今夜も来て下さった。お忙しい中をすみません。だが、私の言いたいこと、思っていることと、全然別のことを話し出される。〈あなたの身体はベッドの上にありますが、心は何処にあるの〉と言われる。」

「私が人生の不幸を悲しむと、〈本当の人間になれぬのがもっと不幸でしょう〉とKさんが言う。」

「自分の心の位置を知れとか、我が身に遇えとか、そんなことが今の私に必要なのか。もう会いたくない。聞きたくない。」

「聞きたくないと思っても、何故か心に残る。忘れようと思うほど、心に引っかかる。」

これは重大な事実である。聞き流しにできないということは、このこと一つを自覚するために人間に生れてきているからだ。健康に異状のない時は、毎日の出来事に眼を奪われて一番大事なことがおろそかにされてきたのだ。

「（中略）情けない。どうして、あの方の言われることが通じないのであろう。生きたい、死にたくないという私の願いは、真実の自分に会えば、解決出来ると言われたが、本当だろうか。今の私は真実でないのか、死を間近にして、ここに悲しむ私は、私でないのか。私でない私とは。私は自分が何処に……、私が二人もいるのか。」

「私には明日がわからぬ。何が何でも、このこと一つ知らねばならぬ。本当の自分とは、私とは、人間とは……」

「昨夜は、何かしら耳に残った。お言葉が心に深くひびいてきた。何かが判《わか》るような気がする。何かが通ずるような気がする。わかりたい、知りたい。」

次はKさんが病人に言うたことばだ。

「〈私は計算ずくの女ですから、必ず裏があります。あなたはどうですか。仕えた私、務めた私、耐えてきた私、（中略）媚び諂《へつら》いの心、恥も知らず、謝恩もうすい私、私はこういう自分をもっておりますが、あなたはどうですか〉と問われる。〈怒り、腹立ち、そねみ、そしり、悪いとわかっていても、それをどうすることも出来ぬ自分、動いてやまぬ心、一瞬も浄らかな心をもたぬ心が私にあるが、あなたはどうですか〉と詰め寄られる。一睡もせずに自分を見つめる。」

ここで転回が起こる。

「ある、あります、表面に出さずに、くすぶり続ける自分、外面だけの笑顔で、泣いて怨んで、引つり顔で暮れた二十六年。情けない、だらしない、おろかな私が見えてくる。わかってくる。人目をおそれ、人目をつくろう私。次から次へと出てくる。何という女であろう。激しい自己嫌悪が全身を走る。汗がにじむ。あの方もあると言われたが、私はあの方の何倍もの醜いもの、愚かさを持っている。自分のことは棚にあげて、人を憎み、怨み、ひどい、ひどい。汚れきって、腐っている根性。耳と目をふさぎたい。」

ここで陣痛が完了する。浄土への通路が開ける。七月四日の夜、こういう自分自身が初めて見えてきた。罪悪深重煩悩熾盛《ざいあくじんじゅうぼんのうしじょう》の凡夫が初めて見えてきて、下がらん頭が下がった。その後の展開がまた、実に鮮やかである。

「いやいやで、一度聞いたが縁となり、人間の道へ出して下さった、あの方が尊い。」

親切な人が嫌な人になり、三転して尊い人になった。仏法は人間にする教えであることに注目したい。

「絶望の患いになったればこそ、あの方の声が聞けた。心が開かれました。この病いを拝む。」

「身にしみる、身にしみる、皆々様のご親切が。こんなあさましい者を、ようこそご親切にして下さった。」

「下げたことはあっても下がったことのない私。地下にもぐりたいはずかしさ。」

「危ないところでした。皆様に怨みを残して終わるところでした。」

「子に詫びる、子にすまぬ。なかからも、愚か愚かの念仏で終わる、母のしあわせや。」

死を目前にした不幸な生涯を送った彼女が幸せといえることは大したことだ。

「朝が来た。今日も命をいただく。恥ずかしい悲しい業が、念仏の手を合わせる。」

「お姑さんは仏さま。お姑さんは仏さまでありました。愚か者を今日もお世話して下さる後《うしろ》すがたを拝む。」

今まで怨みに怨んできた姑が仏さまであったと言う。百八十度の転回ではないか。

「形だけの人間でなく、本当の人間になって死ねる。こんな素晴らしさを、あの方はあたえて下さった。」

この人は癌になったことが残念、死ぬことが恐ろしかった。それが病いを拝むようになり、本当の人間になって死ねると死をも恐れなくなった。ここが生死を超えるのだと筆者の言いたいところだ。

「知らなかった、知らなかった。大きな悲しみの裏側に念仏の幸せがありました。」

「夜、静かに、シーンとした中で、ひそかに「私」に遇う。一人の楽しい、種々の自分が見えるから。」

死を目前にすると、一人病室にいることが不安であろうと思うのに、一人は楽しいという。過ぎし日を思いその場その場に応じて出てきた自分のあり様をみているのだ。

「このままで、申し訳ないままで、帰らせていただく身の幸せ、私は幸せ。」

初めてKさんが病室へ訪ねた時、悪鬼の形相でとりすがったという姿と何とちがうことであろう。

「幸せ者よ、私は何もわかりません。私は何も見えません。ただ、勿体なさがこの身を包んで、心から拝めます。」

いいではないか。何も知らなくてもこのこと一つわかれば人間に生まれてきた甲斐があるのだ。

「受けた恩も返せぬ者が、本当のことを知らされて終わる。果報者よ。あの方は仏か、皆々様は仏か……」

今まで人間だと思っていた人々が、すべて仏様であったと見なおされる眼をもったということだ。仏は仏像じゃない。生きている仏さまに遇わんことには人間に生まれてきた甲斐がないのだ。この人は不遇の生涯を送ったようだが最後になってその不遇を立派にとり返したと思われる。

〈第二部「生死を超える」〉より

独りになって、死への恐怖も重なるなか、初めて罪悪深重《ざいあくじんじょう》なる自分を知り、周りの人への申し訳なさに涙し、ごめんなさい、と心から詫びる。

本当の自分に会うことができたのは、死の病のなかで独りになって、自分を見つめたからではなかった。

長い間、病室で独り悶々と過ごしていた彼女にも見えてこなかった本当の自分に会わせてくれたのは、Kさんの法話であった。

自分自身というものは、これほど見えてこないものなのか。Kさんの法話で、彼女は到らなかった自分に会うことができ、本当の人間のあり方、生き方を知り、自分の死をも怖れず「その病を拝む」とまで言って旅立っていった。

宗教に対して無知に等しかった私でも、本物の宗教には頭が下がる。

では、人はなぜ、自分が罪悪深重であることに気づかされた時、己の罪深さに目覚め、本当の人間になり、心から頭を垂れるだろうか。

人も動物としての本能や欲望を持った生きものなのだから、自我はなくならない。ただ、この自我は必ずどこかで行きづまる。

この自我に行きづまった時、ひとは自己に目覚めるらしい。米沢氏によると、

悪性さらにやめがたい自分というものが見えて来て（中略）天地一切のものに助けられて、生かされて生きている自分、そういう自分に気づくことを自己に目覚めるというのだと、私は思います。

自我一杯の私で誠に申しわけがない、と言うて懺悔する。自分を生かしてくれているものに対してというか、むしろ、自己に対して申しわけない、と懺悔する。（中略）その懺悔によって、本当の自己に会う、（中略）生きながら自己に会う、自己に目覚め続ける生活。それを往生浄土の生活、とこう言うたんで

はなかろうか、と思うのです。

〈一章「信とは何か」、何が救いか〉より

私は自我に負けたなあ、と思う心は、自我の心ではないと思うんです。自我に負けたなあ、と思うたのは、自我を超えた心であって、それが自己の心であると。

ですから、自我一杯で、完全に私は負けました、と自我に頭を下げるということが、実は自己一杯に生きる道なんです。

自我があるおかげで、自我が折れて、自己が目覚める。

(中略)自我をもって背いとるのだから、自我を翻えすというところに、人間の本来の生き方というもんがあるんではなかろうかと思うわけです。

日本語の中で、一番素晴らしい言葉は、〝おかげさま〟という言葉ではないかと思います。

（中略）自我が崩れて、零になってはじめて、天地一切をいただくことができるんです。そして、天地一切をいただくことが〝おかげさま〟と言えるのではないかと思います。

〈一章「信とは何か」、おかげさま〉より

〝おかげさま〟ということが、心の底からいえるかどうか。

連れ合いが健やかでいてくれるから、子や孫、友人や仕事仲間がいてくれるから、会社があり糧《かて》を得ることができるからなど、また、空気があるから、心臓が寝ている間も動いてくれるから、など、周りの一切のものによって生かされている自分に気づく。

自分はこれまで他人の世話になどならず、独りで生きてきたなどと思いあがっていたことを知らされたとき、もう地下にもぐるしかない、という思いで懺悔する。

その懺悔によって自己に目覚め本当の人間を知り、本物の生き方を知る。

自己に会うということは、これほど深く、本当の人間に目覚めることだ、と思われる。

生死を超える（二）——加賀乙彦『ある死刑囚との対話』（弘文堂）より

ひとが自分の死と向き合うとき、死への恐怖と諦観に対してどう決着をつければいいものやら……。

ここで、加賀乙彦氏の『ある死刑囚との対話』（弘文堂）を紹介したい。

同書は、死刑囚Aが強盗殺人犯として逮捕されてから処刑される前日まで、加賀氏と取り交わした往復書簡をまとめたものである。

死刑囚Aが処刑される前日までの間に母への愛に目覚め、自分の死への恐怖を乗

り越える心境、これはもう神の境地といえる。明日をも知れない身でありながら死刑囚Aは、

人は、自分のために心をつくすとき生命を失い、自分をすて、神のために生命を用いるとき、〈明日〉に全き生命を与えられるだろう……、というふうに解釈できるわけです。

〈加賀乙彦、『ある死刑囚との対話』（弘文堂）〉

と述べている。自我のみに生きている人間のその心内《こころうち》は空虚であり、死に体であり、生きる屍である。米沢氏のいわれる自我を捨て自己に目覚めて、はじめて人間として、ひととして生きている、と言えるのではなかろうか。

「お前は変った」とヒトはよくいって下さいます。回心の故だ、ともいって下さるのですが、私は他の宗教に関する事柄と同じく、まだ自分における回心の眞の様相を人に語ることはできません。

ただ一つ、以前と明らかに異なった点をいうなら、ソレは母への思いです。たしかに私は昭和四〇年頃までは、かつてY先生に申上げたような心で母に対しておりましたが、その後の私は、ただもう母への愛に深くとらえられており、且つそのために生の意味がいっそう明らかになったのを感じています。

そして、この一つの事だけでも、刑が確定後今日まで生きて来られた甲斐が十分にあったと喜んでいるのです。

明日をも知れない自分の命を、母への愛に捧げつくすことが、喜びであり生きがいであった、とAは言う。もうこれは神仏そのものであろう。ひとは、このような命をも賭した境遇に追い詰められなければ、神仏心に遇えないのだろうか。いや、そうではない、と思いたい。

おわりに、獄中にあるAが美絵さんという知友とお母さんに書き続けた書簡の中から、少し長くなるが、抜粋し引用させていただく。

実は明日が〈ソノ日〉だと今朝告げられ、いろいろそのことで忙しい一日を送りました。母も下の兄もA師もT師も〝最後のごちそう〟も来ました。

母が可哀そうでね。母に、

「お母さんにとって、これから美絵さんが最も力になり、慰めになるんだから……」

と話しておきました。母をよろしくね、（中略）

まだ七時すこしすぎというのに妙に疲れて、ネムクテ、困ったわいと思ってるところ。

死を前にした晩、早く、ねむいなんて、一寸した大人物になったようですが、ほんとはこれ疲れてるためです。

母のことを、よろしく。

（前に書いたかな？）

やがてまた母と会って下さる時もあるでしょう。その時にどうぞ今日の様子を聞いて下さい。

きみも、やがて修女様。

いいシスターになるんですよ。（中略）あまり悲しまずに、すこしずつ悲しみから立ち直って、ね。

母がね、

「爪と髪をのこすように」

というのです。すこし、のこしておこう。母はね、すぐ泣くのです。今日。

でも、それが当り前というもので信仰があるから死なんて……ていうのはまちがっています。死の別れは、悲しいのが自然です。悲しんで悲しんで、そのあとその悲しみをすべて神に捧げられたら、ソレがいちばんすばらしいはずです。

なかなか、いうは易くして……というわけですが、でもたとえば森有正先生がいわれる
「自己に耐える」

とは、そういうことも含むのかもしれません。きみも、どうぞ耐えて下さい。

やはり、死には厳粛な、そして深い意味があると思います。長年、ソレをみつめようとして、みつめることが果して出来たかどうか今となってもよく分りませんが、とにかく前から、

「死は、受け入れるものだ」

というふうに考えて来たことだけは、たしからしい。

きみにとっても、ずっと将来、死は現実となるでしょう。しかし、もしもソノ時、死の世界に一人の十分信頼し愛しえた人がいたなら、死は、ふしぎなことにむしろ親しいものとなるでしょう。

きのうはね、
母にアンマをしたり髪をすいたりしたのです。ぼくが。

それから手をなでたりも。いい母ですよ。すっかりオバーチャンになって、小さくなって、ヨタヨタと杖をついて歩くのですが、ほんとにやさしい母なのです。

ぼくは母にとって本当にいけない子どもでした。母が可哀相でね。

どうぞぼくの分まで、また楽しい手紙を母に書いてやって下さい。

ここからは、母への手紙を紹介する。

おかあさん

あたたかい晩ですね。

きょうはひょっとしたら東京に泊まるとか言ってたけれど、とにかく、あまり悲しまずにからだに悪いことは気をつけて、よくやすむようにしてください。

ほんとに思いがけないことになってしまい、(むろん、一方ではじゅうぶんソノタメの用意はしてきてはいたけれど) おかあさんに最後の、そして最大の親不孝をしてしまい、ほんとうにすみません。

おかあさんは、よくしてくださいましたね。ありがとう。

M先生のおっしゃるように、ぼくはおかあさんによって〈神の愛〉を知った、と思います。

まだまだ努力が足りなくて、それに書きたいことや、考えて深めたいことも多くあって、そのうえなによりおかあさんはじめ皆さんと別れるのはつらいけれど、しかしこの与えられた〈時〉は絶対的な意味をもっており、ただ、耐えつつ、受け入れる以外にはありません。

でも、ソレは、ぼくひとりのことで、おかあさんに与えつつある悲しみの責めをまぬがれることは、むろんできません。ゆるしてくださいね。

おわびのしるしに、天国へ行ったら、きっとおかあさんのために山ほど祈り、守ってあげますね。だから、おかあさん、もう泣くのはやめなさい……

（中略）あすのことすべてが、ユメのようです。

ユメならさめればいいのに……と思うのだけれどもやはりユメではない。だからこの一瞬一瞬をだいじにしましょう。

きょうは、久しぶりにおかあさんの肩をたたき、髪をくしけずり、手をさすることができました。すっかり白髪になって、シワだらけになって、小さくなって、でもおかあさんはやっぱり幼いころに知った、あのおかあさんと同じでした。ほんとうにふしぎな気がする。どうしてぼくは、おかあさんを悲しませることをしたのだろう……

（中略）四十歳になるまでも長く生きていられたのは、ほんとうに不思議なお恵みというほかはありません。

おかあさんの愛、C師の愛。それからたくさんの人々の愛に恵まれて、ぼくはほんとうに幸福でしたよ。

やはり天国とか霊魂とか天使などというものは、アタマで分るものじゃなくて、いっさいが愛に根ざした信仰にあるようですね。

（中略）おかあさんがきょう、「わたしが代わってやりたい」と言ってくださったことばを思ったり、ほっぺたのあたたかみを思い出したりしています。

腰は痛くない？　雨の日などには畑に出たらいけませんよ。そして目や血圧の心配なときは、医者にみてもらうんですよ。

とにかく、この十余年は、特にこの数年はほんとうに恵まれた毎日でした。

おかあさんに百ぺんもお礼を言いたい。ありがとう！

さあ、おかあさん、七時です。あと一時間で出立する由なので、そろそろペンをおかねばなりません。

ぼくの大好きなおかあさん、優しいおかあさん、いいおかあさん、愛に満ちた、ほんとにほんとにすばらしいおかあさん、世界一のおかあさん、
さようなら！

でもまたすぐ会いましょうね。だからあまり泣かぬように。

さようなら、百万べんも、さようなら！

(髪の毛とツメを同封します。コレでよかった？)

今こそ、ぼくはおかあさんのすぐそば、いや、ふところの中ですよ、おかあさん‼

〈あとがき〉より

Aの言う「ソレはソレでいい」というのは、仏教の〝悟り〟に近いものか。

さらにAは、「被造物としての無の自覚」として、自分というものは無であることを強調する。

これは、自我、我欲の否定につながるものではなかろうか。

「自分の内面を空にして、その中に神の息吹を誘い入れるという大目的があるわけです」というAの目的が叶えられれば、もうAは神そのものだろう。

その神の心が母に伝わり「わたしが代わってやりたい」と母をも神にしてしまう。

ひとは、自分の死に向き合う時、なんと美しい心になることか。

さらにAは、死刑囚にとっては、明日はない。〝今日のためにのみ〟が中心思想だと述べている。

いずれにしても、その底の底にあるのは、自分の死というものへの諦観と受容ということだろうが、いや、私はこれを〝悟り〟と言いたい。

生死を超える（三）——中野孝次『死を考える』、水上勉『骨壺の話』より

〝生死を超える〟をテーマに二冊の本を紹介してきたが、どちらも宗教観に基づく話であった。

たしかに、「生死を超えるには、宗教の助けを借りるのが自然で安らぐのではなかろうか」というひともいる。

しかし、信仰があるから死は怖くない、というのは間違いだ、という死刑囚の話もある。

いざという時、宗教も頼りにならないとなれば、病苦に耐え、死への恐怖を抱え

たまま自分の死を迎えねばならないのだろうか。
ここに宗教とは関わりのない死生観を綴った一文を紹介させていただく。

生は必ず死で終る。生あれば死ありで、だれも死を避けることはできない。しかし生きているかぎり、人間にあるのは生だけである。死はない。死んだ時には生はない。生あるあいだ人間にあるのは生だけである以上、人が知りうるのは生のことだけである。死は存在しないのだから死については知りようがない。人は死を知らないのだ。

存在しないもの、知らないものを怖れ、それによって恐怖や、苦悩や、悲哀や、絶望を感じ、生を乱し、生を十分に生きない者がいたら、その者は愚か者というしかないだろう。知らぬことによって生を悩ましているからだ。

人にあるのは生だけであり、人がよく知るうるのも生だけである以上、人の為すべきことはその生をよく生きること、生を最高のものたらしめることである。富だの、名声だの、健康だの、評判だの、自分の自由にならぬものを欲し、欲望のままに生きて、十分に吟味された生を生きない者は、よく生きたとは言えない。

生あるかぎりはその生を最もよく生きるように努めよ。生きていることのよろこびを覚えるようによく生きよ。生あるかぎり生によく仕えること、その者こそよく死を迎えることができるのだ。死をむやみに怖れずにすむのだ。

（中野孝次『死を考える』、青春出版社）

これは、まさに正論だと思われる。

〝生きているかぎり、人間にあるのは生だけである。死はない〟

これも、そのとおり、というしかない。

しかし、思うに、死後のことはわからないにしても、自分の死期を知った時、その時から自分の死が目の前に存在することになるのだ。

葬儀の時、ほんのこのあいだまで元気だった知人の身体《からだ》が、炎に焼かれて、骨と灰になり、その骨格のままで、目の前に運ばれてきたのを思い出す。

その光景と、間もなくやってくる自分の死とを重ね合わせ、恐怖とやりきれなさに思い悩むのは、もう仕方のないことなのだろう。

それに、生を望むことは生きものの本能だといわれている。

小さな虫けらでも、自分の死を予感すると、死にものぐるいで抵抗し逃れようとする。

これも生きものの本能だということであれば、生きものは全て自分の死への恐怖からは逃れることはできないのでは、と思える。

死とは、肉親や周りの馴染んだひとたちから別れて一人ぼっちに、つまり、〝孤〟になってしまうことでもある。

ほんのさっきまで共に生活していたこの世のひとたちは、いままで通り、悲喜こもごも、それぞれに生活している。

なのに、この世を去った自分だけは、骨と灰になって骨壺の中、それに狭くまっ暗な陽の明かりも届かない湿った石室《いしむろ》の中に閉じ込められて、永久《とわ》に〝孤〟になってしまう。これは誰にも逃れることのできない事実であって、どうにもならない。

彼岸に墓地へ訪れてくれる身内の者にしても、手を合わせ語りかける言葉は一方通行で、自分の思いなどは届くはずもなく、石室の中で〝孤〟であることには変わりない。

ひとが、この世で〝孤〟になることは、死よりも恐ろしいことだといわれるが、〝孤独〟と〝孤〟になることとは違うように思える。

〝孤独〟は周りのひとたちが振り向いてくれない故であって、そのひとたちに阿《おもね》ることで解消できるやもしれない。

しかし、〝孤〟は、明かりもなく、空気もなく、物の気配もない状態が永遠に続くことであり、そこから抜け出すことはできない。

その事実を受け容れるしかない。

ひとは、自分の死を知らずに生きている今であっても、死ねば〝孤〟になってしまうことは容易に想像でき、自分の死を受け容れるためには、自分自身がほんものの〝孤〟になることを受け容れるための修行をつんでおかねばならないとも思うが、これは誰にとってものなかなかのことだろう。

しかし、なかには自分の死というものを全く違った方向から見つめてみようというひともいる。

ここで、もう一度、作家の水上勉氏のいわれる、自分の死への思いを聞いてみたい。

氏は毎日眠るベッドを棺桶に見立てて、

ベッドに入る直前に一べつして、私は死ぬまねをする。「さようなら」とまっ暗闇の中で、声をだして誰にともなくいうのである。信州の場合は東京の妻と、障害を背負うている娘に長生きしてほしいというのである。よそにいるもう一人の娘にもいうのだ。そうして、私は、友人の誰彼と名はあげぬまでも、時々、日頃世話になっている人の顔を思いうかべながら、「さようなら」といい、仰向けになり、胸もとで手を合わせ組むのである。

「さようなら、みなさん」

（水上勉『骨壺の話』、集英社）

このことを毎日くり返していると、たしかに自分の死に慣れ親しむことができ、日常茶飯事のことのように思えて、いざという時慌てることもなく、すんなり受け容れることが可能なのかもしれない。

しかし、毎日自分の死と向き合って生活するということになると、これはもう、重すぎて、自分には不可能ではないだろうかと、不安になる。

そんな時、私の腹のうちに〝捨〟という一言が湧きあがってくる。

「あの世まで持っていけるものなど、何もないではないか」

死の間際というのは〝捨〟に徹することのできる唯一の好機ではないだろうか。醜い我欲を捨て、この先、一人で生きてゆかねばならぬ連れ合いや、子、孫たちに対して、利他の思いいっぱいの心根で向き合えば、これまでの自分の生き様に対しても、まあまあだった、こんなもんだろう、と安らかに逝くことができるのでは……。

自我を捨て利他の心に満たされた時、ひとは何ごとをも受け容れることが可能になるのでは、と思われる。

あの死刑囚Aが、母への愛に目覚め、自我を捨て去った時、自分の死を受け容れ〝孤〟を怖れることなく、透明に光り輝き、麗しい姿に立ち返って旅立って逝ったと思いたい。

しかし、この思いが、時により揺れ動き、自分の死が怖く切なく迫ってくることがある。凡愚の哀《かな》しさ。そんな時、自分の死をどう受け容れればいいのか……。

最後に中野孝次氏が出された結論を紹介する。


死をしっかり見つめようとすれば、究極のところで死は問題ではなくなり、生きている今だけ、この「今ココニ」をいかによく生きるかだけが真の問題であることが判明するのだ。これが生死の問題の不思議なところである。

人は他人の死を見て、死とはこういうものだとわかったように思っている。が、それは錯覚に過ぎない、と祖師たちは教えているのである。客観的な問題としての死など存在しない。死の問題とは自分の死があるのみである。他に求めてもその解釈は得られないのだ。

そういうことを発見して、わたしは、死の問題は結局『徒然草』のあの言葉につきるな、と思わぬわけにはいかなかった。

――されば、人、死を憎まば、生を愛すべし。存命の喜び、日々に楽しまざらんや。

死を思うことは、人を生きてある今へとつき返す。君が生きている今こそが、死生をこえた君の生なのですよ、それをよりよく生きることが死の恐怖を免れる最良の方策なのです、と教える。生死の問題はついにそこに尽きるようであった。

（中野孝次『死を考える』、青春出版社）

最後にたどりついた港の風景 ――あとがきにかえて

自分の死というものが怖くて受け容れることができなくて、茶化したり、歌ったりしてみたのですが、最後にたどりついた港の風景はこのようでした。

自分の人生、生きざまをふり返ってみると、充分とまではいかないが、

まあ、こんなもんよ……。

生き方は、ひとそれぞれだろうし、

あの時も、あのつらい時も自分なりに生き抜いてきた。
たいした取り柄もない男だったが、まあまあ、こんなもんよ。
上を見ればキリがない。
この辺りで〝ヨシ〟としておこう。自分を信じないと……ね。
信じることのできるものを持っていないと……ね。
死んでいくことがつらくなる。
最後に周りのひとたちへの〝おかげさまで〟の心。これを忘れてはいけない。

あの世からのつぶやき（II）

あの世とやらは、あるらしい……

——生死を超える

2018年11月30日　第1刷発行

著　者　　樋口　誠

発行所　図書出版　木星舎

〒814-0002　福岡市早良区西新7丁目1-58-207

TEL 092-833-7140

FAX 092-833-7141

印刷・製本　シナノ書籍印刷株式会社

Printed in Japan

ISBN978-4-909317-06-3　C0095